Dan. Chodowiecki fec. 1758. Berol

rosenheimer raritäten

Lisbeth Wetterwald-Schäublin

Altberliner Stickmuster

rosenheimer

Die Farbtabellen zu den einzelnen Stickmustern beziehen sich auf das Farbensortiment der Firma MEZ. Als Material für Kreuzstich-Stickerei eignet sich besonders Sticktwist, der einen eher matten Faden im Gegensatz zum glänzenden des Perlgarns besitzt.

An einem Morgen im Jahre 1962 ging ich die alten Häuser des Spalenbergs in Basel entlang. Der Zufall lenkte mich in Richtung Rümmelinsplatz. Dort steht ein mir wohlbekanntes Geschäft für Tapisseriewaren. In der Auslage lagen zahlreiche bunte Blätter mit Kreuzstichmustern zum Verkauf, die mich spontan faszinierten. Man legte mir gerne die ganze Kollektion zur Auswahl vor. Ich war allein im Laden und hatte die Muße, die schönsten, besterhaltenen Blätter auszuwählen. Ganze 34 Stück aus Berlin und Paris – und das alles für einen geradezu symbolisch zu nennenden Preis.

In Gedanken versunken gehe ich heimwärts, und es kommen mir die Zeiten von damals in den Sinn: Das Haus an der Schnabelgasse, in welchem ich einkaufte, der übervolle Tisch mit Garnen und Stoffen, der Geruch der Textilien, das freundliche Fräulein mit Stehkragen und langem Rock und die klingelnde Kasse. Es war eine andere Zeit, vielleicht ein wenig verklärt in meiner Erinnerung. Damals wurde wohl auch der Grundstein meiner Freude an alter Kunst, gleich welcher Art, gelegt, der ich heute noch zugetan bin und die mich in Atem hält. Interessant ist nicht nur die Kunst des Stickens, sondern auch deren Geschichte.

Zur Biedermeierzeit begann eine unbändige Lust an der Handarbeit, um so mehr, als der Handel mit Stickvorlagen von Kreuzstichmustern seinen Höhepunkt erreichte. Die Möglichkeiten dieser Epoche waren unbegrenzt. Da bestickte man nicht nur Polstermöbel, Tischdecken, Kleider, Pantoffeln und Taschen mit Blumen, Girlanden und Borten, sondern auch Bilder mit Landschaften und Portraits. Die Phantasie bordete über, es wurde einfach alles bestickt. Das bezeugen die vielen Arbeiten und Musterzeichnungen jener Zeit, die in den Volkskundemuseen liegen.

Stickmusterzeichnungen erschienen schon im 18. Jahrhundert, aber der Höhepunkt des Kreuzstiches begann in den dreißiger Jahren des 19. Jahrhunderts. Zum Entstehen dieser Muster trugen die Entwerfer, die Kupferstecher und Koloristen bei. Bekannte Künstler brachten ihre Werke mit Wasserfarben und feinsten Pinseln auf das Schablonenpapier, das die Verleger dann in den Handel brachten. In meiner Jugendzeit, zu Beginn des 20. Jahrhunderts, legte man in den Schulen noch keinen großen Wert auf diese künstlerische Form der Handarbeit. Statt dessen mußte man praktische Dinge, zum Beispiel ein Hemd, nähen, das dann am Ende des Schuljahres ausgestellt wurde – meist schmutzig von den ungeübten Kinderhänden. Als junges Mädchen war für mich dann die Kreuzsticharbeit eine Offenbarung.

An der Formen- und Farbenvielfalt der Biedermeierzeit fand man zu jener Zeit aber keinen Gefallen mehr. Vielmehr begann man mit Kreuzstich auf feines und grobes Leinen zu sticken, kleine Bouquets mit Monogrammen und Jahreszahlen für Tisch- und Bettwäsche. Zwar waren die schönen alten Muster noch in den Originalen vorhanden, aber es war wenigen vergönnt, so anspruchsvolle Kunstwerke auszuführen, denn die Vorlagen waren damals längst vergriffen. Das beweist auch der Zustand vieler jener prächtigen alten Musterblätter, die leider von den Stickerinnen über und über mit Nadeln zerstochen wurden und deshalb für die Nachwelt verlorengingen.

Lange war es still um diese schöne Handarbeit. Der Wiederaufbau der Länder Europas nach den Kriegen brachte es mit sich, daß man diesen besinnlichen Werten kaum Aufmerksamkeit schenkte. Doch seit einiger Zeit ist die Freude an der alten Stickarbeit wieder gewachsen, und heute wie damals wird alles bestickt, was gefällt. Wohl mag die reiche Auswahl und gute Qualität der zur Verfügung stehenden Materialien und Farben zu diesem Erfolg beigetragen haben, aber vor allem waren es doch die Stickmusterzeichnungen, die mit ihrer Vielfalt von Anregungen dafür sorgen, daß jeder das ihm Gemäße finden kann.

Anfang des 19. Jahrhunderts waren handkolorierte Stickvorlagen, nach denen man die Muster abzählen konnte, bei den Bürgersfrauen sehr beliebt. Vor allem Berlin war das Zentrum von Künstlern, Verlegern und Händlern, die Stickvorlagen herstellten und vertrieben. Nachweislich als erster entwarf und veröffentlichte 1804 A. Philipson, der sich als akademischer Künstler bezeichnete, in Berlin handkolorierte Stickvorlagen. Doch auch bekannte Künstler wie Schinkel und Ph. Otto Runge entwarfen schöne Stickereien, die gerne nachgearbeitet wurden.

Im Verlauf des 19. Jahrhunderts entstand in Berlin ein regelrechtes Zentrum für Woll- und Garnfärberei. Das ist wohl auch ein Grund, warum gerade in dieser Stadt so viele Verlage Stickvorlagen herausbrachten, und zwar mit großem Erfolg. Von 1810 bis 1835 lag die Herstellung und der Vertrieb von Stickmustern in den Händen von Kunsthändlern, die sie als Modeartikel in ihr Programm aufnahmen. Später, als man feststellte, daß diese Blätter ungeheuer erfolgreich verkauft werden konnten, betätigten sich einige dieser Kunsthändler als erfolgreiche Verleger von Stickvorlagen. Zu diesen gehörte L.W. Wittlich, dessen Firma einer der bedeutendsten Stickmusterverlage Berlins war. Er wurde durch die ausgewogene Darstellung der Muster und besonders sorgfältige Kolorierung weit über Deutschlands Grenzen hinaus bekannt. Zu den führenden Entwerfern und Verlegern von Berliner Stickvorlagen gehörten auch J. B. Weiß, M. Levy, S. Schrott und T. P. Devrient. Später kamen die Gebrüder Gädicke dazu, C. F. Ockel und A. W. Todt, der nicht nur Vorlagen, sondern auch fertige Stickereien verkaufte. Zu den größten Verlagen Mitte des 19. Jahrhunderts gehörte Ludwig Glüer, der seit 1850 als königlicher Hofstickmustermaler firmierte – und nebenher auch noch Lotterieeinnehmer war.

Friedrich Wilhelm Knechtel gehörte ebenfalls zu den bekannten Verlegern; er brachte vor allem Vorlagen für größere Formate heraus. Heinrich Kühn hatte als Vertreter bei der Seidenwaren- und Stickmuster-Großhandlung Hertz und Wegener begonnen. Er eröffnete 1867 eine eigene Stickmusterdruckerei, die ausgezeichnet florierte, zumal er als einer der ersten zum Steindruck überging.

Zwischen 1840 und 1850 gab es in Berlin 21 Firmen, die zusammen rund 14 000 Einzelmuster – verschiedene wohlgemerkt – herausgaben und vertrieben. Mit fortschreitender Technik ging die Zahl der Firmen zurück – 1870 waren es nur noch zehn. Vor allem die Modejournale, die zunächst schablonenkolorierte und dann gedruckte Stickmuster beilegten, trugen dazu bei, daß die von Künstlern entworfenen und handkolorierten Stickmuster vom Markt verschwanden – und damit natürlich auch die meisten Stickmuster-Verlage.

MEZ-Sticktwist:	< Hellrot 11	▣ Oliv 267	○ Mittelgrün 227
	⋈ Dunkelrot 13	⁙ Dunkeloliv 217	◇ Grün 225
	ı Beige 956	● Olivschwarz 879	■ Dunkelgrün 879
+ Orange 306	⁄ Helloliv 265	· Hellgrün 206	✦ Russischgrün 255

Ebereschenzweige

Glockenblumen

MEZ-Sticktwist:

- \+ Hellgrün 253
- ✦ Lindgrün 259
- ▮ Mittelgrün 255
- ◣ Tannengrün 226
- ● Dunkelgrün 217
- ◣ Schwarzgrün 879
- ⁄ Orange 11
- ◇ Hellrot 9
- ⋈ Rot 335
- ╲ Hellblau 128
- ○ Mittelblau 130
- ▶ Blau 131
- ■ Schwarzblau 149
- ▣ Aprikose 306
- • Weiß 1
- ı Grau 397
- < Beige 886
- ⁙ Braun 373

MEZ-Sticktwist:

ı Hellrosa 6	● Dunkelrot 22	◺ Hellbraun 306	◂ Mittelgrün 226	– Hellind 259
+ Rosa 9	⁄ Hellblau 144	▣ Braun 309	✦ Grün 203	• Lindgrün 264
◇ Lachs 11	< Mittelblau 161	⁙ Gelb 289	✚ Tannengrün 228	▮ Moosgrün 265
⧓ Rot 13	⬉ Dunkelblau 979	○ Hellgrün 240	■ Dunkelgrün 217	◣ Olivgrün 267

Rosenknospen mit Vergißmeinnicht

Tränendes Herz

MEZ-Sticktwist:

- – Hellrosa 23
- • Rosa 74
- ◇ Lachs 40
- ◣ Dunkelrosa 42
- ╲ Rot 35
- ⧓ Dunkelrot 19
- Braunrot 897
- ı Weiß 1
- ╱ Hellgrau 847
- < Grau 848
- ⧗ Mausgrau 849
- ⊡ Dunkelgrau 399
- ⁙ Gelb 290
- ✦ Hellblau 976
- ▬ Blau 977
- ◥ Marine 164
- ● Dunkelblau 149
- ○ Lindgrün 226
- ▮ Moosgrün 205
- ✚ Waldgrün 216
- + Hellgrün 254
- ◀ Grün 256
- ◆ Dunkelgrün 877
- ■ Schwarzgrün 879

MEZ-Sticktwist:

- ı Weiß 1
- – Hellgrau 397
- • Grau 398
- + Hellblau 975
- ╲ Blau 977
- ✦ Mittelblau 146
- ▮ Marine 164
- ● Nachtblau 149
- ⁙ Gelb 305
- < Mais 290
- ⧓ Hellbraun 880
- ▣ Braun 884
- ◇ Orange 329
- ⧗ Hellrot 9
- ◣ Dunkelrot 20
- × Gelbgrün 279
- ⁄ Lindgrün 259
- ○ Mittelgrün 205
- ✚ Dunkelgrün 217
- ■ Schwarzgrün 862
- ▬ Helloliv 260
- ◀ Oliv 261
- ◆ Dunkeloliv 262
- > Pastellgrün 203

Stiefmütterchen und Nelkenwurz

Wildnarzissen

MEZ-Sticktwist:

- ı Weiß 1
- – Hellbeige 387
- • Beige 391
- < Hellbraun 372
- ✚ Dunkelbraun 357
- ⁄ Hellgelb 292
- ▸ Mais 290
- > Khaki 888
- ▣ Dunkelkhaki 856
- ╲ Helloliv 279
- ✦ Oliv 280
- ● Dunkeloliv 281
- ▬ Hellrosé 894
- ◹ Rose 24
- ⬋ Dunkelrosé 42
- ◇ Graugrün 214
- ▮ Mittelgrün 216
- ⋈ Dunkelgraugrün 262
- ◥ Dunkeloliv 846
- ○ Petrol 204
- ⧗ Hellgrün 260
- ⬈ Grün 205
- ⁙ Mittelgrün 226
- ◆ Dunkelgrün 227
- + Hellgrasgrün 254
- ◺ Grasgrün 225
- ◣ Dunkelgrasgrün 267
- ■ Schwarz 403

MEZ-Sticktwist:

- ı Weiß 1
- < Hellgrau 397
- • Mittelgrau 398
- ✦ Dunkelgrau 399
- ◂ Beige 956
- ○ Hellocker 278
- ▮ Dunkelocker 280
- ◆ Braungrün 281
- ◇ Hellgelb 288
- + Dunkelgelb 304
- ◺ Hellorange 307
- ⬉ Mittelorange 308
- ◣ Dunkelorange 349
- ⁙ Hellgelbgrün 278
- > Dunkelgelbgrün 279
- ⧗ Grasgrün 226
- ▲ Blaugrün 227
- ✚ Helltannengrün 215
- ◥ Dunkeltannengrün 216
- ● Dunkelgrün 218
- ■ Schwarz 403
- ▸ Grün 243

Callablüten

Blühende Erdbeeren mit Früchten

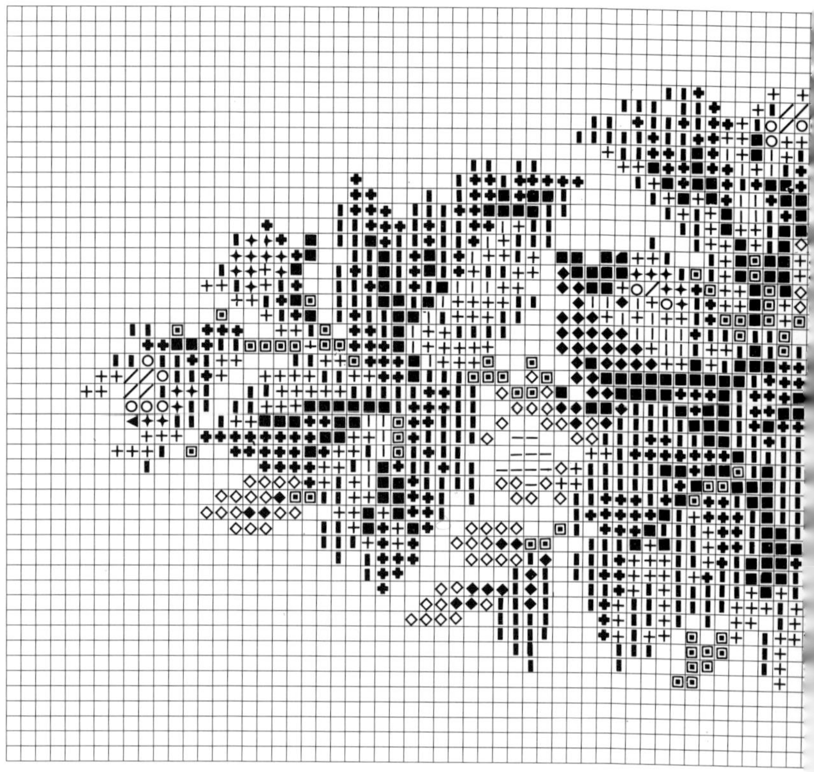

MEZ-Sticktwist:

– Weiß 1
• Grau 398
ı Lindgrün 264
+ Petrol 255
▮ Tannengrün 257
✚ Russischgrün 244

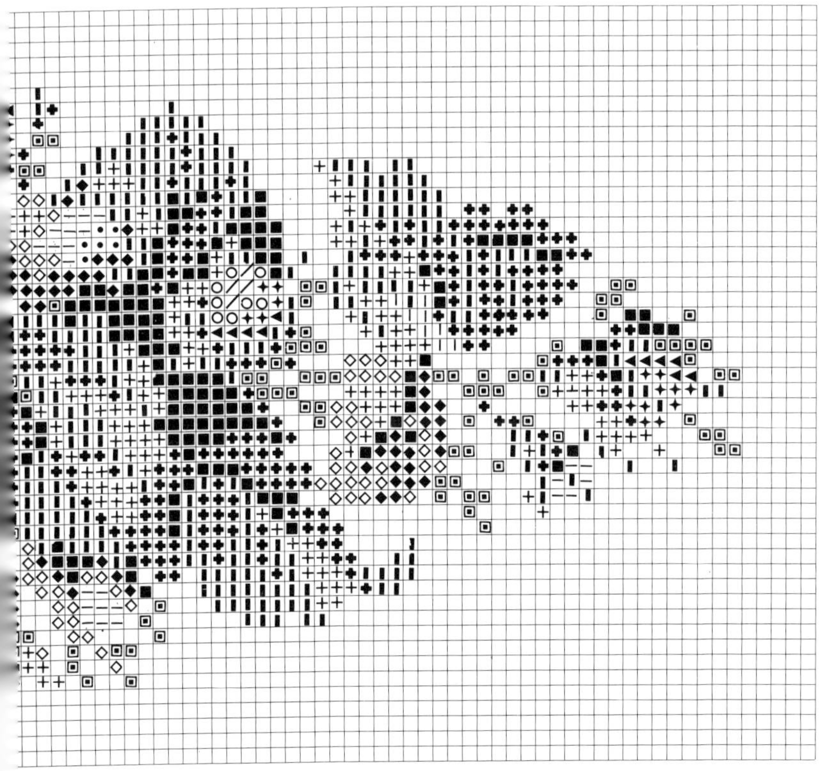

■ Schwarzgrün 246
◇ Helloliv 265
◆ Dunkeloliv 267
⊡ Braun 379
∕ Rose 23
○ Rosa 26
✦ Lachs 28
◂ Rot 29

Stiefmütterchen

MEZ-Sticktwist:

ı	Weiß 1	◇	Hellbraun 373
–	Grau 398	●	Mittelbraun 379
⁄	Beige 388	◣	Dunkelbraun 905
<	Braun 372	+	Lichtblau 929

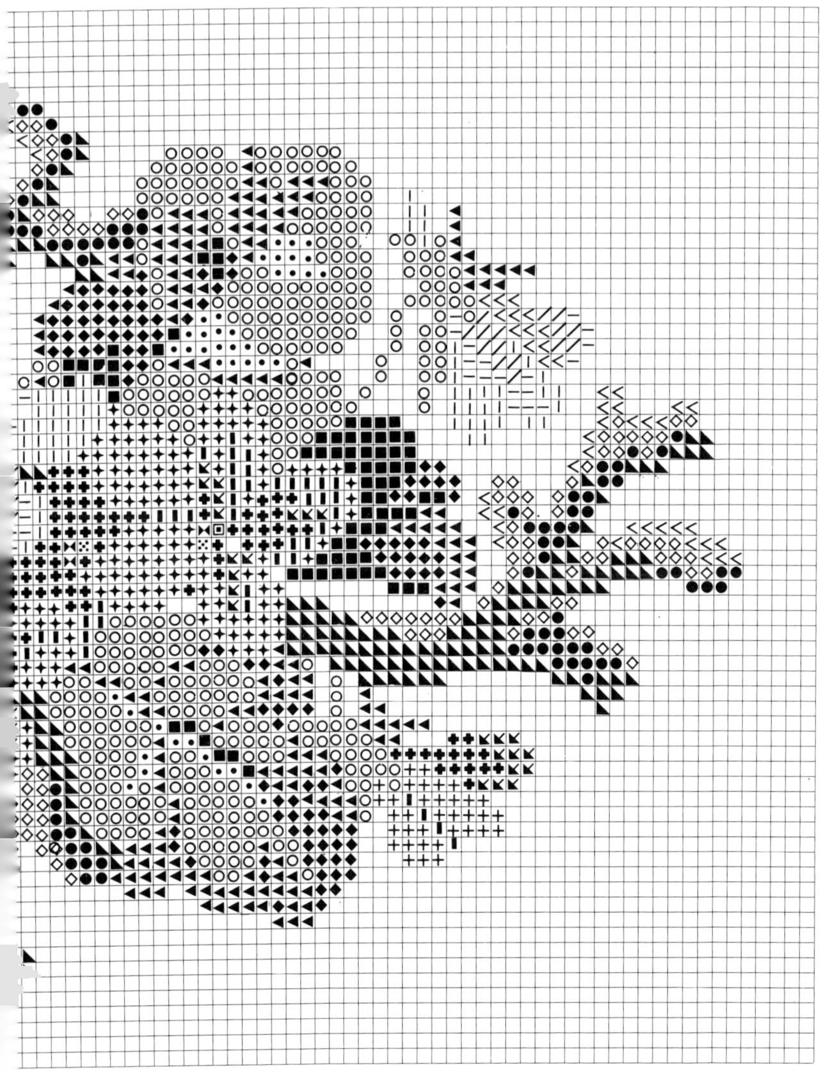

✚ Hellblau 130	▣ Orange 304	○ Mittelgrün 243
▮ Blau 930	⁙ Gelb 289	◀ Waldgrün 227
◣ Marine 133	⧓ Rot 19	◆ Moosgrün 262
✚ Dunkelblau 149	• Pastellgrün 203	■ Dunkelgrün 212

Lilien und Rosenknospen

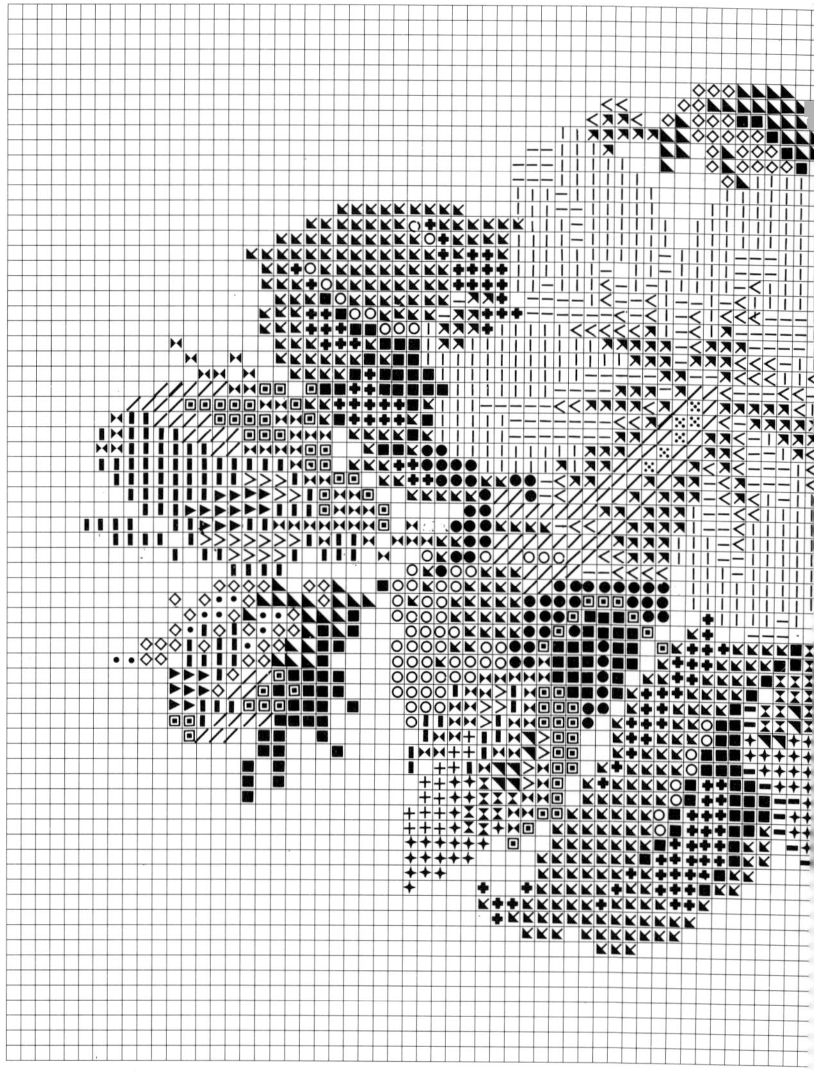

MEZ-Sticktwist:

- ı Weiß 1
- – Hellgrau 398
- < Beige 956
- ◥ Oliv 280
- / Gelb 288
- ⁙ Braun 310
- > Rosé 6
- ▮ Lachs 9
- ► Orange 42
- ⋈ Rotbraun 896
- ⊡ Umbra 936

⟍ Hellrot 10	⧗ Marine 149	○ Petrol 255
◂ Dunkelrot 13	◥ Dunkelblau 147	◣ Mittelgrün 225
+ Lichtblau 128	• Pastellgrün 253	✚ Grün 227
✦ Hellblau 144	◇ Moosgrün 242	● Dunkelgrün 877
▬ Mittelblau 146	◣ Tannengrün 218	■ Schwarzgrün 862

Veilchenbukett

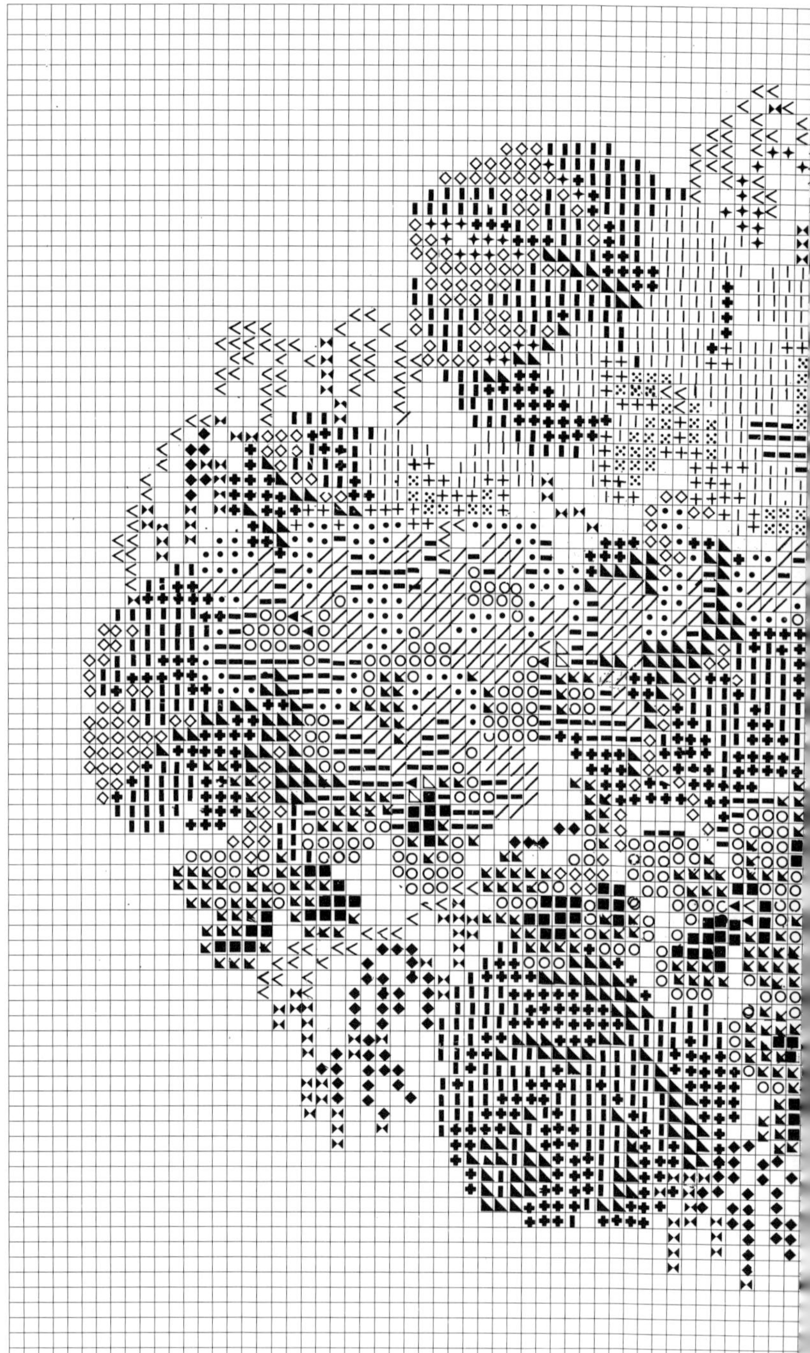

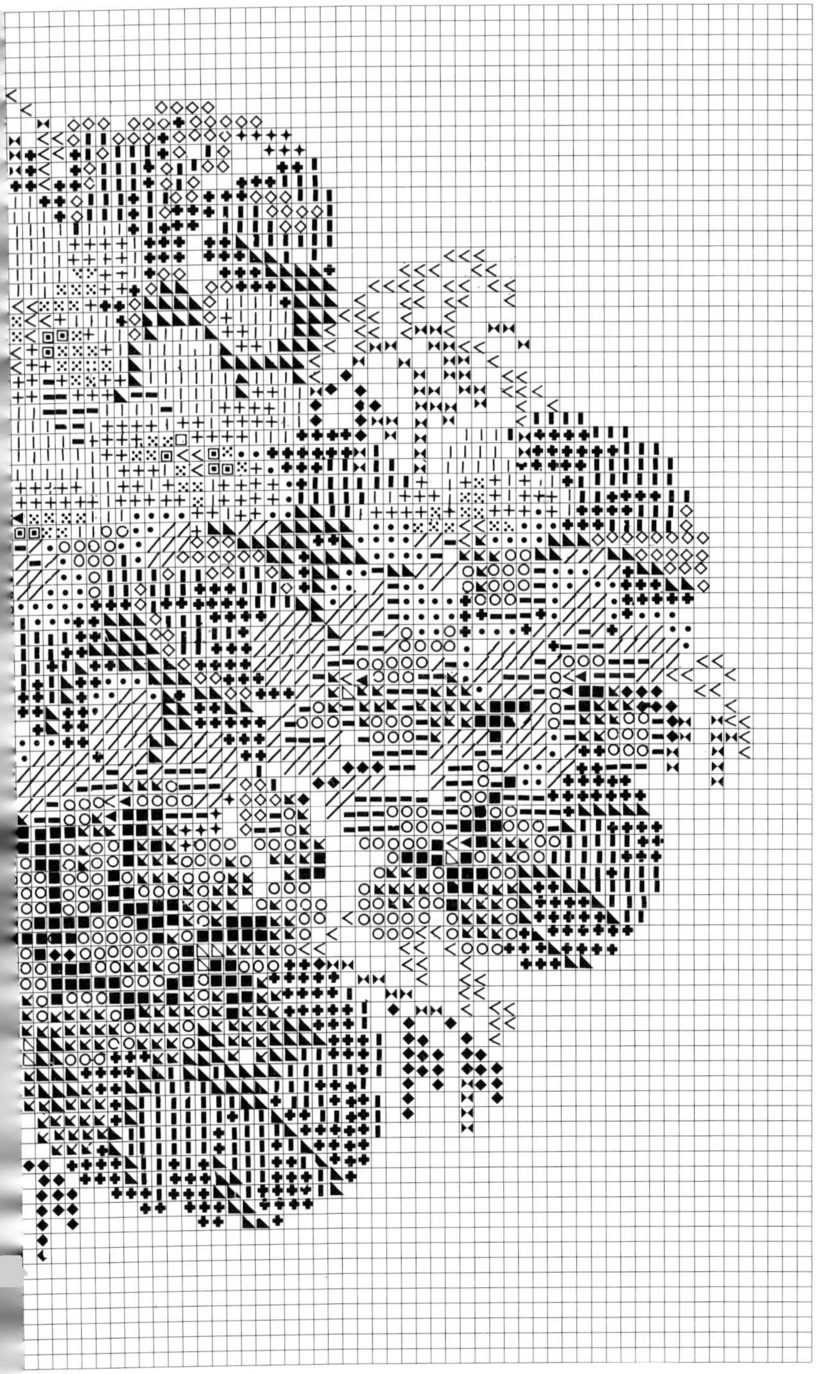

MEZ-Sticktwist:

- Weiß 1
- Lichtblau 975
- Hellblau 976
- Taubenblau 977
- Mittelblau 978
- Dunkelblau 979
- Nachtblau 149
- Beige 956
- Dunkelbeige 945
- Hellbraun 374
- Gelb 295
- Orange 303
- Dunkelorange 307
- Rot 326
- Braun 375
- Lindgrün 253
- Hellgrün 241
- Mittelgrün 226
- Dunkelgrün 217
- Schwarzgrün 218

Blühende Veilchen

MEZ-Sticktwist:

- Hellblau 144
- Mittelblau 146
- Dunkelblau 147
- Nachtblau 148
- Lila 123
- Hellgelb 295
- Gelb 297
- Dunkelgelb 309
- Helloliv 253
- Oliv 255
- Mitteloliv 257
- Dunkeloliv 269
- Schwarzoliv 879
- Hellpetrol 240
- Petrol 242
- Tannengrün 226
- Hellrussischgrün 227
- Dunkelrussischgrün 246
- Gelbgrün 260
- Grasgrün 225
- Moosgrün 226
- Tannengrün 227
- Dunkeltannengrün 923

Maiglöckchen

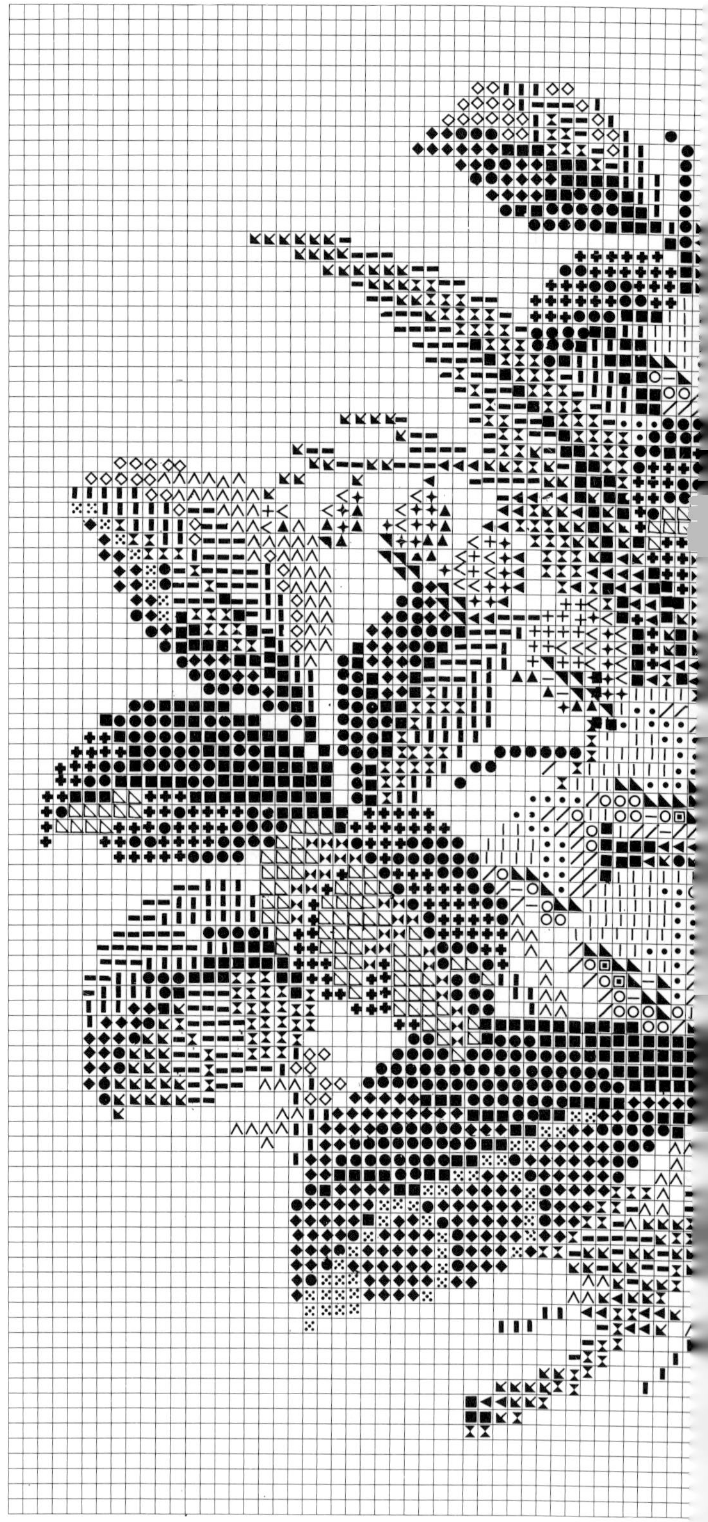

MEZ-Sticktwist:

- ı Weiß 1
- • Grau 900
- ⁄ Beige 886
- ○ Dunkelbeige 831
- + Hellcremefarben 366
- < Cremefarben 368
- ✦ Dunkelcremefarben 369
- ◇ Mais 306
- – Hellgelb 301
- ◙ Dunkelgelb 302
- ◂ Zitronengelb 289
- ▮ Dunkelorange 307
- ⋈ Hellindgrün 278
- ◺ Dunkellindgrün 255
- ◣ Grasgrün 254
- ✚ Moosgrün 238
- ● Tannengrün 239
- ⁙ Petrol 204
- ◆ Türkis 205
- ∧ Hellbraun 349
- ▲ Mittelbraun 371
- ◥ Dunkelbraun 359
- ▬ Helloliv 242
- ⧗ Dunkeloliv 244
- ■ Schwarzoliv 218
- ◣ Grünbeige 266

Veilchen

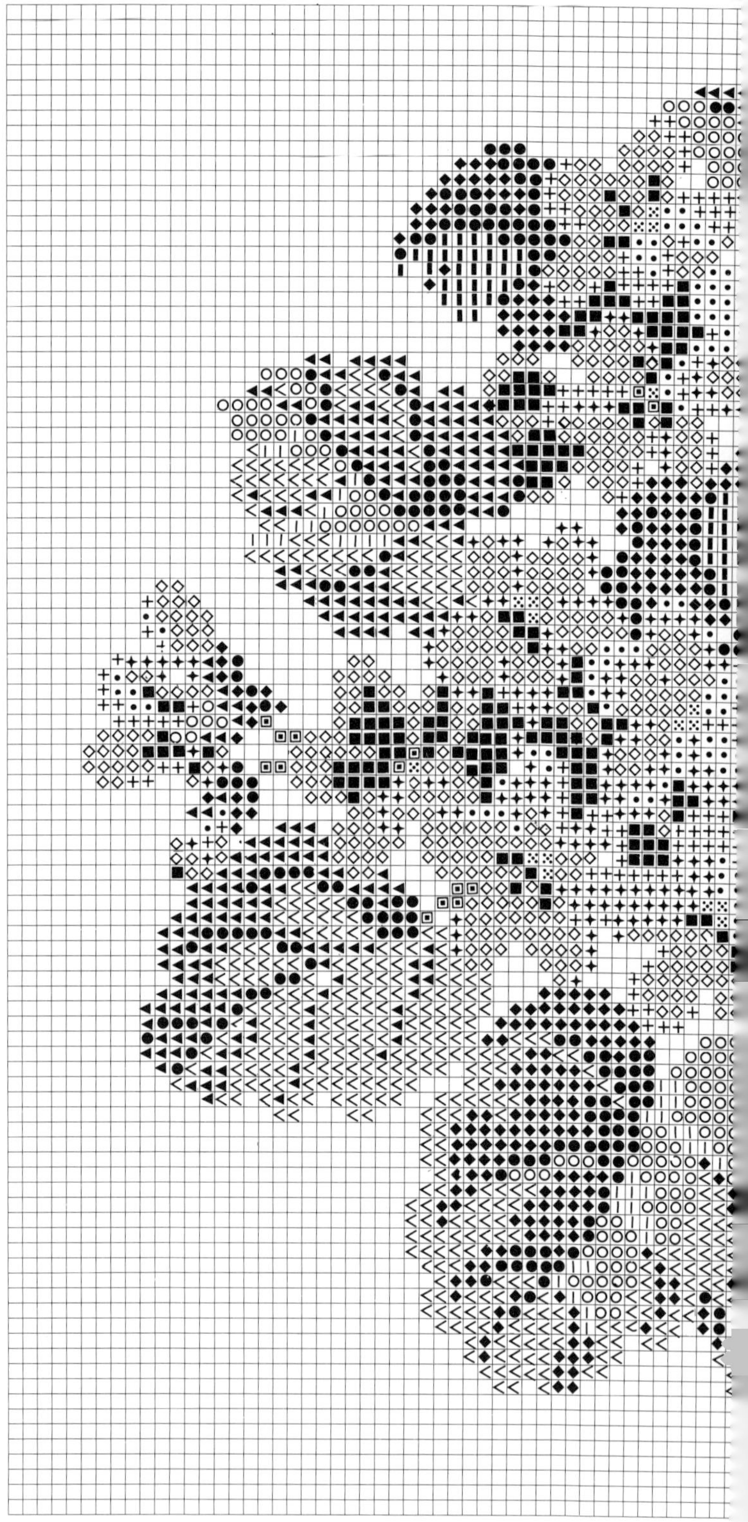

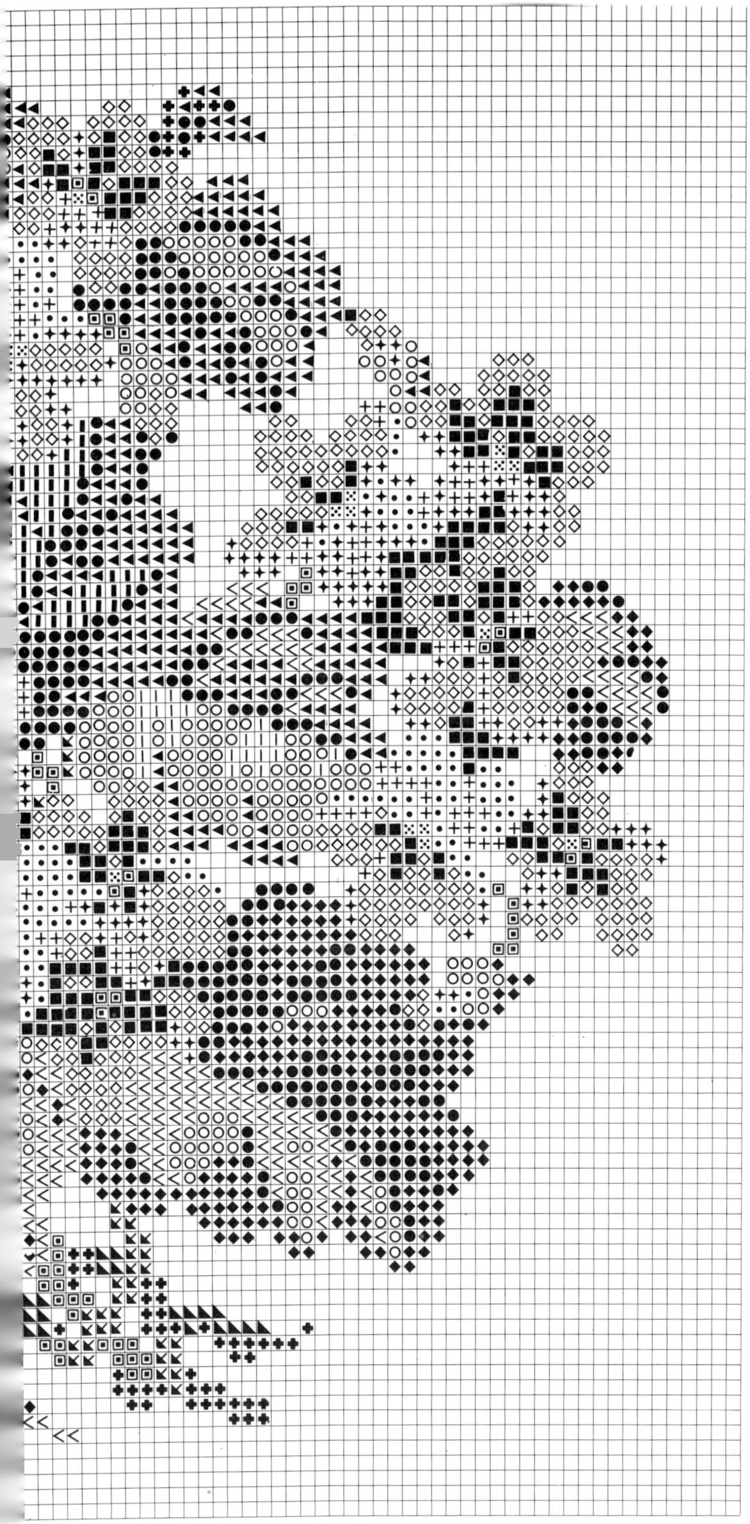

MEZ-Sticktwist:

- ⁙ Gelb 290
- ▣ Orange 304
- ◣ Feuerrot 333
- ✚ Rot 47
- ◣ Dunkelrot 22
- • Hellblau 129
- + Lichtblau 131
- ✦ Blau 132
- ◇ Marine 134
- ■ Nachtblau 150
- ı Gelbgrün 278
- ○ Hellgrün 241
- ▮ Lindgrün 240
- ◆ Moosgrün 267
- ◀ Tannengrün 227
- ● Dunkelgrün 923
- < Pastellgrün 225

Ornament mit Rosen und Lilien

Für dieses Muster ist schwarzer Stickgrund vorgesehen. Bei Verwendung eines andersfarbigen Stoffes müssen die in der Musterzeichnung freibleibenden Kästchen mit Schwarz (403) bestickt werden.

MEZ-Sticktwist:

- • Weiß 1
- – Hellbeige 391
- v Beige 392
- ▮ Hellblau 929
- ◣ Dunkelblau 148
- ▶ Blau 146
- ı Hellgelb 295
- ʌ Gelb 298
- ▲ Dunkelgelb 306
- ◥ Orange 329
- / Mais 295
- + Ocker 278
- ⧗ Beige 945
- ✚ Braun-Grün 924
- ╲ Flieder 95
- ◇ Lila 98
- ◤ Violett 101
- o Aprikose 328
- ◀ Lachs 330
- ◺ Rot 334
- ◆ Rotbraun 19
- + Hellrosa 24
- ⋈ Rosa 27
- ⁙ Pink 29
- ◢ Malve 47
- < Lindgrün 241
- ▬ Grasgrün 227
- ◤ Dunkelgrün 244
- ■ Schwarzgrün 218
- > Petrol 241
- ▼ Lindgrün 243
- ◥ Russischgrün 227

Schneeballzweig

MEZ-Sticktwist:

- • Petrol sehr hell 206
- o Petrol hell 238
- ✦ Petrol 239
- ◂ Petrol mittel 227
- ◆ Petrol dunkel 217
- ● Petrol sehr dunkel 218

Fortsetzung des Musters auf der nächsten Seite

- \+ Oliv sehr hell 259
- ◇ Oliv hell 253
- ▮ Oliv mittel 255
- ✚ Oliv dunkel 257
- ◣ Oliv sehr dunkel 246
- ■ Schwarzoliv 263

Fortsetzung

MEZ-Sticktwist:

- • Petrol sehr hell 206
- ○ Petrol hell 238
- ✦ Petrol 239
- ◂ Petrol mittel 227
- ◆ Petrol dunkel 217
- ● Petrol sehr dunkel 218

+ Oliv sehr hell 259	▮ Oliv mittel 255	◣ Oliv sehr dunkel 246
◇ Oliv hell 253	✚ Oliv dunkel 257	■ Schwarzoliv 263

Apfelblüten

MEZ-Sticktwist:

- < Hellrosa 23
- ⁙ Dunkelrosa 27
- ⧓ Rostrot 349
- ○ Hellbeige 387
- > Beige 388
- • Dunkelbeige 374
- ▸ Braun 360
- \+ Hellgelb 295
- ▣ Orange 303
- ◺ Cremefarben 933
- ı Weiß 1

Fortsetzung des Musters auf der nächsten Seite

⁄ Hellpetrol 241	⧗ Grasgrün 226	■ Schwarz 403
▬ Petrol 243	◇ Hellmoosgrün 240	– Blaugrün 203
▮ Dunkelpetrol 244	✦ Dunkelmoosgrün 256	✚ Blaugrün 227
◂ Hellgrün 226	▲ Helloliv 209	◆ Blaugrün 923
● Dunkelgrün 218	⬋ Dunkeloliv 267	◣ Mitteloliv 217

Fortsetzung

MEZ-Sticktwist:

- ı Weiß 1
- < Hellrosa 23
- ⁙ Dunkelrosa 27
- ⧓ Rostrot 349
- ○ Hellbeige 387
- > Beige 388
- • Dunkelbeige 374
- ▶ Braun 360
- + Hellgelb 295
- ▣ Orange 303
- ◺ Cremefarben 933

⁄ Hellpetrol 241	⧗ Grasgrün 226	■ Schwarz 403
▬ Petrol 243	◇ Hellmoosgrün 240	– Blaugrün 203
▮ Dunkelpetrol 244	✦ Dunkelmoosgrün 256	✚ Blaugrün 227
◂ Hellgrün 226	▲ Helloliv 209	◆ Blaugrün 923
● Dunkelgrün 218	⬉ Dunkeloliv 267	◣ Mitteloliv 217

Maiglöckchen-strauß

MEZ-Sticktwist:

- • Weiß 1
- ı Helltürkis 206
- + Türkis 185
- ⸔ Dunkeltürkis 187
- ⁙ Hellgelb 297
- ▣ Gelb 298
- ✦ Lindgrün 185

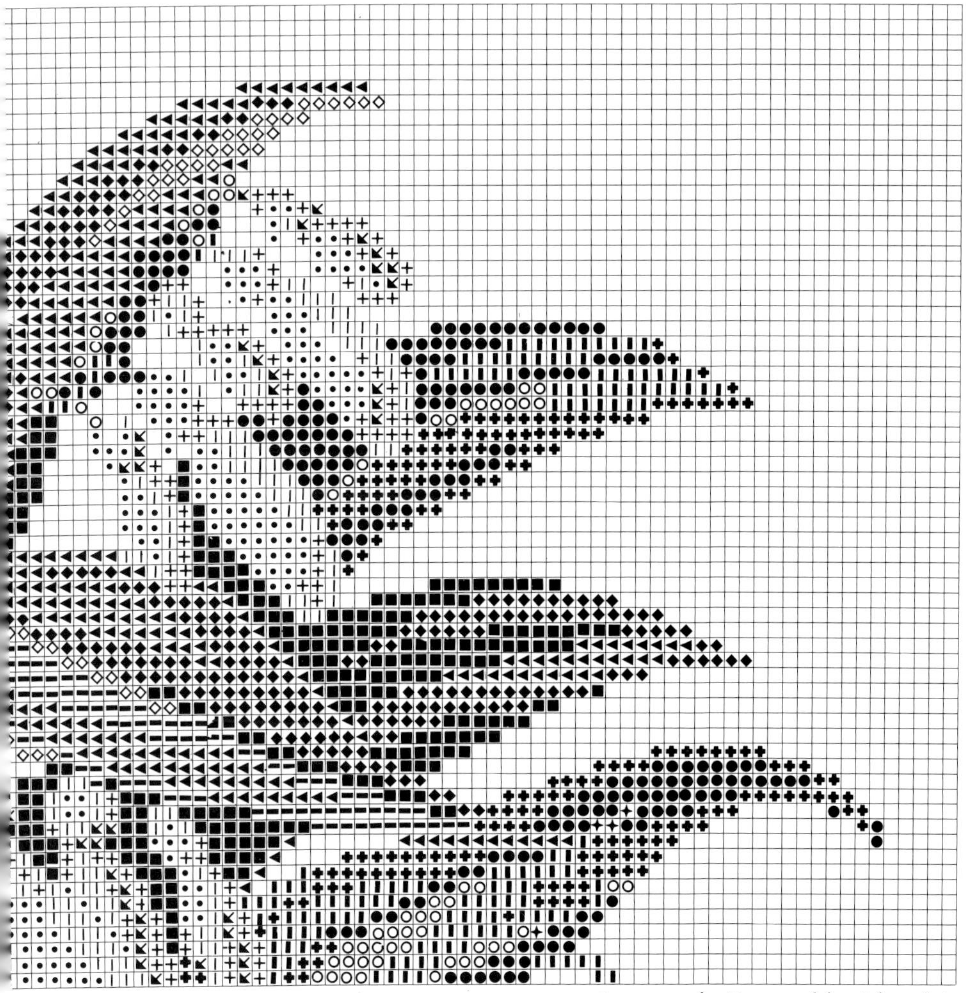

Fortsetzung des Musters auf der nächsten Seite

- ◇ Petrol 255
- ▬ Grün 241
- ◂ Tannengrün 226
- ◆ Russischgrün 227
- ■ Dunkelgrün 217
- ○ Helloliv 241
- ▮ Dunkeloliv 242
- ✚ Waldgrün 244
- ● Schwarzoliv 879

Fortsetzung

MEZ-Sticktwist:

- • Weiß 1
- ı Helltürkis 206
- + Türkis 185
- ◣ Dunkeltürkis 187
- ⁙ Hellgelb 297
- ▣ Gelb 298
- ✦ Lindgrün 185

- ◇ Petrol 255
- ▬ Grün 241
- ◀ Tannengrün 226
- ◆ Russischgrün 227
- ■ Dunkelgrün 217
- ○ Helloliv 241
- ▮ Dunkeloliv 242
- ✚ Waldgrün 244
- ● Schwarzoliv 879

Rote und weiße Lilien

MEZ-Sticktwist:

- • Weiß 1
- ı Aprikose 886
- – Hellrosa 23
- ⁄ Hellbeige 886
- < Beige 887
- ⁙ Hellgelb 301
- ◺ Gelb 302
- ▣ Dunkelgelb 307
- ＼ Flieder 95
- > Lila 97
- ⬋ Violett 100
- ✦ Orange 323
- ▮ Lachs 28
- ▼ Rot 332
- ⬈ Dunkelrot 47

Fortsetzung des Musters auf der nächsten Seite

- ◣ Rotbraun 22
- + Ocker 278
- ▬ Hellkhaki 279
- ◀ Khaki 280
- ⧗ Dunkelkhaki 281
- ◤ Dunkelbraun 360
- ∧ Gelbgrün 254
- ⋈ Grasgrün 255
- ▶ Helloliv 265
- ⋈ Dunkeloliv 268
- × Lindgrün 206
- ○ Hellpetrol 209
- ▲ Dunkelpetrol 216
- ◆ Tannengrün 217
- ■ Schwarzrussischgrün 879
- ◇ Grün 225
- ◥ Mittelgrün 243
- ● Dunkelgrün 263

Fortsetzung

MEZ-Sticktwist:

- • Weiß 1
- ı Aprikose 886
- – Hellrosa 23
- ⁄ Hellbeige 886
- < Beige 887
- ⁙ Hellgelb 301
- ◺ Gelb 302
- ◙ Dunkelgelb 307
- ⟍ Flieder 95
- > Lila 97
- ⬋ Violett 100
- ✦ Orange 323
- ▮ Lachs 28
- ▾ Rot 332
- ⬈ Dunkelrot 47

◣ Rotbraun 22	∧ Gelbgrün 254	▲ Dunkelpetrol 216
+ Ocker 278	◢ Grasgrün 255	◆ Tannengrün 217
▬ Hellkhaki 279	▶ Helloliv 265	■ Schwarzrussischgrün 879
◀ Khaki 280	⋈ Dunkeloliv 268	◇ Grün 225
⧗ Dunkelkhaki 281	× Lindgrün 206	◥ Mittelgrün 243
◤ Dunkelbraun 360	○ Hellpetrol 209	● Dunkelgrün 263

Veilchenstrauß

MEZ-Sticktwist:

⁄ Hellflieder 120	● Violett 127	✚ Schwarzoliv 862
+ Flieder 118	■ Braun 905	ı Gelbgrün 278
< Mittelblau 121	○ Helloliv 254	◇ Grasgrün 241
▸ Dunkelblau 940	✦ Oliv 256	▬ Lindgrün 242
	◣ Dunkeloliv 268	⋈ Tannengrün 228

Fortsetzung des Musters auf der nächsten Seite

◣ Dunkelgrün 217	◆ Dunkelrussischgrün 218	◥ Dunkelbraun 359
• Hellpetrol 206	◺ Hellgelb 301	– Hellgrün 255
▮ Petrol 208	⁙ Gelb 302	> Mittelgrün 257
◂ Hellrussischgrün 203	▣ Orange 316	◤ Grün 216
➚ Russischgrün 217	⧗ Hellbraun 308	◤ Dunkelgrün 263

Fortsetzung

MEZ-Sticktwist:

- ⁄ Hellflieder 120
- + Flieder 118
- < Mittelblau 121
- ▸ Dunkelblau 940
- ● Violett 127
- ■ Braun 905
- ○ Helloliv 254
- ✦ Oliv 256
- ⋉ Dunkeloliv 268
- ✚ Schwarzoliv 862
- ı Gelbgrün 278
- ◇ Grasgrün 241
- ▬ Lindgrün 242
- ⋈ Tannengrün 228

◣ Dunkelgrün 217	◆ Dunkelrussischgrün 218	◥ Dunkelbraun 359
• Hellpetrol 206	◺ Hellgelb 301	– Hellgrün 255
▮ Petrol 208	⁙ Gelb 302	> Mittelgrün 257
◂ Hellrussischgrün 203	▣ Orange 316	◤ Grün 216
◥ Russischgrün 217	⧗ Hellbraun 308	◤ Dunkelgrün 263

Ornament aus Rosen und Lilien

MEZ-Sticktwist:

- ı Weiß 1
- • Grau 398
- ⁄ Hellbeige 885
- ○ Beige 886
- ◂ Dunkelbeige 888
- ▬ Braun 832
- ◣ Dunkelbraun 905
- + Hellpetrol 214
- < Petrol 215
- ✦ Dunkelpetrol 116
- ◇ Hellindgrün 254
- ▣ Dunkellindgrün 255
- ▮ Helltannengrün 243
- ● Dunkeltannengrün 245
- ∨ Grasgrün 204

Für dieses Muster ist schwarzer Stickgrund vorgesehen. Bei Verwendung eines andersfarbigen Stoffes müssen die in der Musterzeichnung freibleibenden Kästchen mit Schwarz (403) bestickt werden.

Fortsetzung des Musters auf der nächsten Seite

- ▲ Moosgrün 227
- ■ Dunkelgrün 218
- > Ocker 338
- ⬋ Cognac 896
- ◤ Dunkelcognac 897
- ◺ Gelb 290
- ⧓ Orange 304
- – Lichtblau 120
- ⁙ Hellblau 121
- ✚ Blau 131
- ◆ Dunkelblau 146
- ◥ Nachtblau 148
- ╲ Hellrosa 48
- ∧ Rosa 24
- ◹ Altrosa 75
- ⧗ Pink 54
- ↗ Zinnober 29
- ▶ Rostrot 972

Fortsetzung

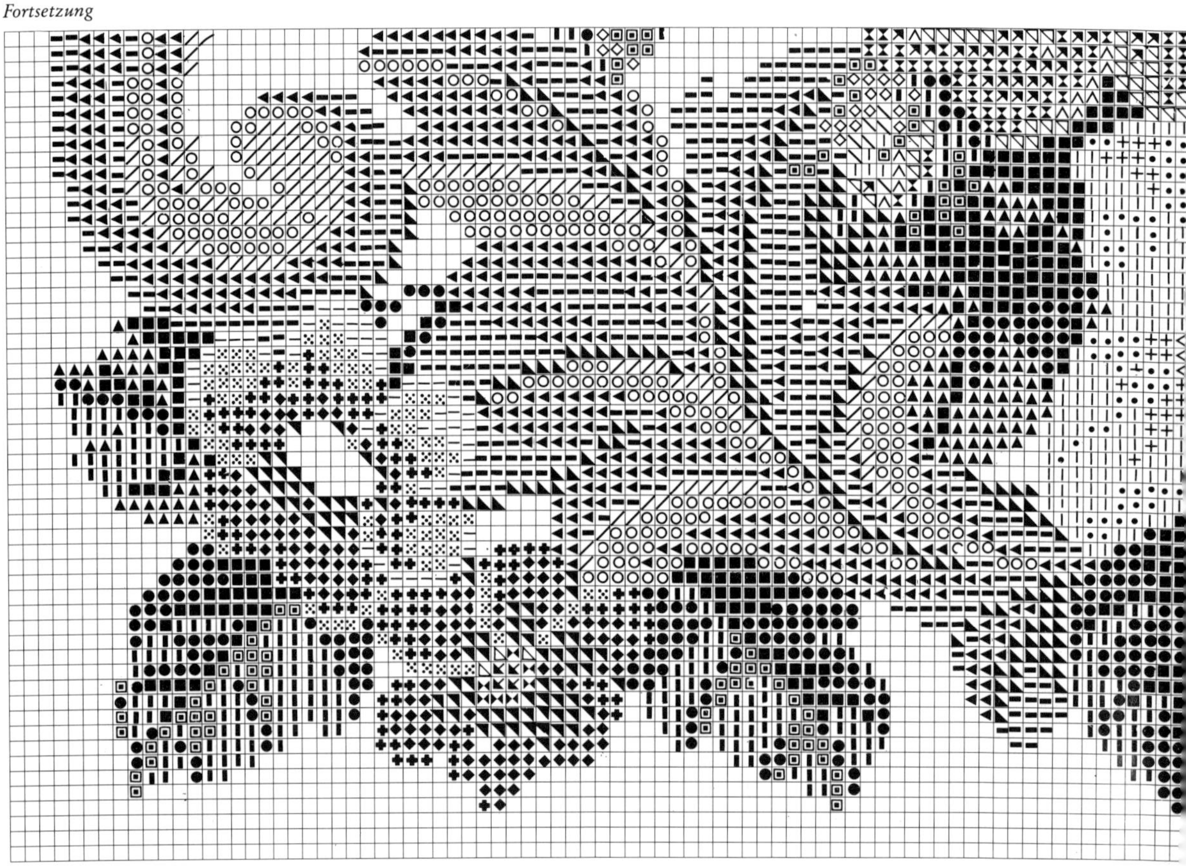

MEZ-Sticktwist:

ı Weiß 1
• Grau 398
⁄ Hellbeige 885
○ Beige 886
◂ Dunkelbeige 888
▬ Braun 832
◣ Dunkelbraun 905
+ Hellpetrol 214
< Petrol 215
✦ Dunkelpetrol 116
◇ Hellindgrün 254
▣ Dunkellindgrün 255
▮ Helltannengrün 243
● Dunkeltannengrün 245
v Grasgrün 204

Für dieses Muster ist schwarzer Stickgrund vorgesehen. Bei Verwendung eines andersfarbigen Stoffes müssen die in der Musterzeichnung freibleibenden Kästchen mit Schwarz (403) bestickt werden.

- ▲ Moosgrün 227
- ■ Dunkelgrün 218
- > Ocker 338
- ⬋ Cognac 896
- ◤ Dunkelcognac 897
- ◺ Gelb 290
- ⋈ Orange 304
- – Lichtblau 120
- ⁙ Hellblau 121
- ✚ Blau 131
- ◆ Dunkelblau 146
- ◥ Nachtblau 148
- ╲ Hellrosa 48
- ∧ Rosa 24
- ◹ Altrosa 75
- ⧗ Pink 54
- ⬈ Zinnober 29
- ► Rostrot 972

Ornament mit Rosen und Veilchen

MEZ-Sticktwist:

< hellgelb 295
• Ocker 306
✦ Dunkelocker 307
▮ Umbra 308
● Dunkelumbra 358
■ Schwarz 403
ı Weiß 1
> Grau 900
◤ Hellbraun 831
◤ Dunkelbraun 898
– Hellrosa 48
+ Rosa 50
▼ Pink 77
╲ Hellrot 28

Für dieses Muster ist schwarzer Stickgrund vorgesehen. Bei Verwendung eines andersfarbigen Stoffes müssen die in der Musterzeichnung freibleibenden Kästchen mit Schwarz (403) bestickt werden.

Fortsetzung des Musters auf der nächsten Seite

- ○ Orangerot 332
- ↗ Rot 19
- ◥ Dunkelrot 22
- ⁙ Hellgelb-grün 253
- ▣ Dunkelgelb 306
- / Gelbgrün 253
- ⧗ Hellpetrol 255
- ▶ Petrol 257
- ▲ Dunkelpetrol 245
- ◇ Grasgrün 242
- ▬ Moosgrün 244
- ↖ Helloliv 256
- ✚ Oliv 258
- ◣ Dunkeloliv 263
- ∨ Hellflieder 120
- ◺ Flieder 121
- ↘ Violett 119
- ◆ Dunkelviolett 123

Fortsetzung

MEZ-Sticktwist:

< hellgelb 295
• Ocker 306
✦ Dunkelocker 307
▮ Umbra 308
● Dunkelumbra 358
■ Schwarz 403
ı Weiß 1
> Grau 900
↖ Hellbraun 831
◤ Dunkelbraun 898
− Hellrosa 48
+ Rosa 50
▼ Pink 77
╲ Hellrot 28

Für dieses Muster ist schwarzer Stickgrund vorgesehen. Bei Verwendung eines andersfarbigen Stoffes müssen die in der Musterzeichnung freibleibenden Kästchen mit Schwarz (403) bestickt werden.

- ○ Orangerot 332
- ◥ Rot 19
- ◥ Dunkelrot 22
- × Hellgelb-grün 253
- ▣ Dunkelgelb 306
- / Gelbgrün 253
- ⧗ Hellpetrol 255
- ► Petrol 257
- ▲ Dunkelpetrol 245
- ◇ Grasgrün 242
- ▬ Moosgrün 244
- ◣ Helloliv 256
- ✚ Oliv 258
- ◣ Dunkeloliv 263
- ∨ Hellflieder 120
- ◺ Flieder 121
- ◥ Violett 119
- ◆ Dunkelviolett 123

 ISBN 3-475-52496-1

Das Buch erscheint in der Reihe »Rosenheimer Raritäten«
im Rosenheimer Verlagshaus Alfred Förg GmbH & Co. KG, Rosenheim.
Es wurde gesetzt, gedruckt und gebunden bei der Druckerei Ludwig Auer in Donauwörth.
Die Stickmusterzeichnungen fertigte Andrea Heider, Rosenheim.
Die farbigen Stickmustervorlagen fotografierte Max-Felix Wetterwald, Offenburg.
Der Umschlag wurde gestaltet unter Verwendung einer Stickerei von Frieda Kaltner,
Bad Aibling, die Foto Rammel, Rosenheim, fotografierte.